미안을 거슬러 받았다

미안을 거슬러 받았다

이광희 시집

nol
b●k

시인의 말

한 움큼 모래를 집었다
손 안에서 바위가 부서진다

오므린 연필
사각거리는 계절을 어떻게 갈아치웠는지
몽땅하다.

손을 펴니
사람이 움직이기 시작했다

보이기 때문이다.

2025년 9월
이광희

차례

제1부 소리, 꽃

- 13 바다에 피는 꽃
- 14 소리가 흔들린 후
- 16 사거리
- 18 지푸라기
- 20 엔딩 크레딧
- 22 감상
- 23 소금꽃
- 24 불안한 안도
- 26 참관
- 28 꽃잎에 별빛이
- 30 바림
- 31 허공에 굴린 소리
- 34 연두가 피는 장승
- 36 사진
- 38 미늘

제2부 사람, 사람

43 미안을 거슬러 받았다

44 그래도 울지 않는다

47 독거

48 나무 아래에서

50 변심을 기망하다

52 모놀로그

54 누에의 편지

55 혹시

56 초상

58 얼마쯤 지난 후의 기도

60 꿈꾸는 전화

62 읊다

63 다시 필 때까지

64 프로필

66 기침

제3부 하늘

71   내일을 갖겠습니까
72   꿈틀
74   지게꾼
76   장독대
78   계선주
80   묵과 노란 꽃
82   한 번만
83   빗금 치는 날
84   그 소리
86   거울의 소리
88   여우볕
90   동그마니
92   물낯
94   나는 너를
95   택일

제4부 걷다

101 악수
102 단역
104 흘러간 시간을 붙였다
106 삐 소리 후
107 사회성
108 오래된 사람에게 보내는 안부
110 밥 세 끼
112 달 우는 밤
114 어떤 숨소리
116 생각의 끝
117 별일
118 겨울역
120 아침이 마를 때
122 퓨전 도서관
124 3월

제5부 낯선 시간

129 누런 약속
130 못 떠나는 가을
132 정말이야
133 봄
134 계단에 서 있는 사람
135 윤회
136 말
138 겨울에 꾸는 꿈
140 뱃심
141 숨은 눈물
142 낯선 시간
144 동행
146 기울어 우는 벤치
147 하얀 마음
148 한낮 스케치
149 난을 치다
150 삼세번

제1부

소리, 꽃

바다에 피는 꽃

그 섬에 가자
봄이 오기 전에

동박새가
밤마다 몰래 꿀을 심어놓는

한 발만 들여도 사과보다 더 빨간
사랑을 만날 수 있는

어서 어서 가자
짭조름한 바다 물빛이 유혹하는
동백섬에

느지막하면
동백은
지쳐

빨간 눈물이
뚝
뚝

소리가 흔들린 후

뿌리는 기를 쓰고
떨어져 나갈 것 같은
펄럭이는 소리를 붙잡고 운다

불안한 것은
빠르고 느린 변주의 현란한 춤이다

펄럭거린 후
찢기고 씻겨 나간 살점들
바람과 비가 한 줌씩 걷어 간 것을
한참 뒤에야 안다

소리도 없는 평온은
여기에 없는 얼굴이 두고 간 사진 한 장

몸서리친 시간을 허물면
힘없고 초라한 몰골에도 눌렀던 속이 울컥하여
뼈 흩는 소리로 영혼마저 내던지고 싶다

바람이 돌아간 저녁

비질한 마당에는 침묵이 앉고
금 간 깃대 서 있다

사거리

빨간 시간은 아득하다

노란 윙크에
녹색이 온다는 예감은 스치고

굵은 건반을 건너는 기분과
리듬을 타며
정지선에 선 사람들을 구경한다

가방을 다른 손으로 바꿔 들거나
생각하는 모습이나
우울을 쥐고 있는 얼굴을

앞서 건넌 신호는
순탄히 길을 가고 있는지는
알 수 없고

단계적으로
정지선이 출발선으로 바뀌는 궤도의
빨간 쉼표,
지금은 그 박자에 맞추는 시간

〉

20초의 빨간 빛을 흡수한 사각 카멜레온이
숲의 체온으로 채색하면

나는 주머니에서 손을 빼고 알레그로 걸음으로
피아노를 친다

지푸라기

뒤로 넘어질 것이 분명했다

등 뒤로 부는 바람이
기대라는 손짓을

망설임도 잠시
구부러진 몸을 펴서 바람에 기대었다

쓰러지지 않는다

친절하게도 뒤를 조심하라는 말을 덧붙이지만
뒤에서 찔려
이 지경임을 고백할 수는 없었다

비가 그치자 바람이 멈췄다
설 수 있을까

바람은 불어야 한다

버티는 것은
버틴다는 것은

기댈 수 있는 유일한 것이
불안한 쇳소리일망정
기댈 데는 너뿐

모질다고 치부했던 이전의 미안함을 숨기고
뒤를 맡긴다

엔딩 크레딧

떼 지은 바닷새가
노을을 타고 여름을 떠난다

열창했던 매미 떼의 시원하다는 말은
밀짚모자를 뱅 돌아간 지 오래

노랗고 붉은 바람이
손톱 세우고 눈썹을 올려
가을을 유혹할 즈음

구릿빛 떠난 빈 바다
겹겹 포말이 솔바람에 쫓기며
한여름 영화는 너풀거리는 파라솔 위로
막을 내린다

훌렁 벗은 상체와 비키니가 후끈거리는
다락 갤러리
꺼내 볼 때마다 배시시 웃는데

선글라스와 샌들에
시간이 배인 플라스틱 카드 짱짱한 숫자가

오돌토돌한 이용 명세서를 보낸다

태양, 별, 카페의 불빛
바람에 싣고

감상

도화지에

맹물로
욕심을 그렸다

여백에는
흰 투명색을 살짝 칠하여

여백의 미, 라고 이름 붙여
걸어 놓으니

사람들은

거기를
눈여겨본다

소금꽃

  복지관 점심을 하고 기우뚱 떠난 왼쪽 끝자리 흔적이 없다 리어카는 납작한 엉덩이를 밀며 숨비소리를 내어 전복이며 소라를 허름한 망사리에 담는데 그때마다 등짝 소금밭에서 흘러내리는 바닷물은 뒷덜미에 하얗게 꽃을 피운다 하루에 두 번 가쁘고 수북한 꽃은 계량기에 내 몸 재듯 점멸을 찍고 너른 폐지 더미 위에 왁자하게 햇살을 널면 건네주는 물 한 잔에 클로버 세 잎과 짤랑 두 개를 윗주머니에 고이 넣고 한 번 더 손바닥으로 눌러 잠근 뒤에야 꾸부러진 리어카가 쫘악 하늘을 펴니 염전엔 구름 한 점 없고 콧수염에 서리꽃 반짝이는

  왼쪽 끝자리가 연말이면 소금 꽃다발을 놓고 간다는 말을 막 집으려는 깍두기 위에 턱 얹어 놓으니 젓가락이 까치발로 멈칫하고 선다

불안한 안도

바다는 사라지고
오늘은 보이지 않는다

뻣뻣한 몸을 휘감는 해무가 몰아쳐
검푸른 광야가 뒤엎어지고

칠순 넘게 물질한
처마 밑에 걸린 남편 같은 테왁이 흔들리니
나도 흔들린다

바람 불면
파란색마저 불안한 것이어서
가라앉았던
물옷 짠 내가 진동하고
숨비소리 절로 난다

배 탄다고 닦달한 말
온통 쑤시다 눈을 할퀴고 정수리를 눌러
침은 마를 대로 마르고
말을 잃었다

물결이 수평선으로 나가는 새벽이 차분하여
노을이 순한 저녁

풍어 깃발 꽂은 어선 한 척
치마폭으로 들어오는
꿈을 꾼다

참관

까만
침묵에
붉은 소멸이 꽃 피었다

살붙이는 곡을 하고
죽음에 깊이 관여하지 않는 이들은
한 걸음 뒤에서 지루하다

냉각 완료.

속세를 완전히 떠나는
한 줌 꽃무릇

달항아리 위엄으로 너럭바위 단상에 올라
고별 예식을 사열한다

눈물 없는 목젖소리

시계를 흘끔 보던 문상객은 시간을 맞춘 듯
눈인사를 하고
적멸을 빠져나간다

꽃길로 가는
장례 절차는 단출하여
거침이 없고

허무한 몽상을
운명(殞命)으로 참관한 너는
어디에도 없다

꽃잎에 별빛이

한 줄
두 줄 읽었을 뿐인데

눈가에 말간 멍울이
무릎 위에 뚝,
뚝 박힌다

나부끼던 날들 부서지고
바람 멈춘 날

시장 좌판에 어리던 그림자가
서랍 속을 걸어 나와

석양 앞에서
노을이
정수리에 여울진다

낮에는 꽃잎을
밤엔 별빛을

보고 돌아서면 또, 돌아서 보고

›
하얀 식탁에 앉아
詩,
라고

입말로 써보는 밤

바림

저기
걸어간다

앞을 보며 걷는지
발등 보며 걷는지

긴 한숨 허공에 어리는데
헛웃음도 짓는지

무지근한 발걸음
소리 없이 옅어져 간다

회색 물빛 공원에는
빗소리만

우산도 없이

허공에 굴린 소리

볼링장에 가서
구경만 하다가 돌아온 날에는 영락없이
발이 퉁퉁 부어요

어떤 날, 공을 잡아봤는데
장미꽃 같아 굴려 보기로 했어요

스트라이크를 기대한 것도 사실이지만
레인에 미끄러진 것도
암막 속으로 가차 없이 빨려간 것도 사실이에요

내려오면서
장미가 다치지 않기를 바라며
그냥 웃었어요

괜찮아요
다음번엔 좀 더 괜찮은 옷을 입고 가야겠어요
입 모양이 예쁜 것으로

가만 생각해 보니
허공에 굴린 소리가 떠나기 전에

입술에 대롱대는 것이 좋았어요

사람들 앞에서 들뜬
기분도 좋았고요

달콤한 에스프레소를 마셔야겠어요
소리를 굴릴 때 부드러워지지 않을까 해서요
처음 만난 앙증맞은
하얀 찻잔 같은 그 시가 생각도 나고요

모든 낭송이 끝난 뒤
햇볕은 직선으로 내려오지 않았고
보이지 않는 자외선도 있었어요
그나마 그 벼가 잘 익으면 다행이에요

이제 잠을 청해야 해요
화장대에 얼굴을 걸어두고
기대와 기다린 끝에 허물어진 시간을 누여
하루의 서운함을 달래 줘야 해요

울지 않아요

질겨야 하니까요

오늘 기억은 오래 남을 거예요

연두가 피는 장승

다람쥐 꽁무니 빼면
금세 허전하여
하늘을 한 움큼 베어 먹는다

연한 파랑이
푸르렀던 그날

온몸 데려간 뒤
밑동아리만 남아 난쟁이 장승 흉내를 낸다

걸터앉은 이가
저 하늘을 눈 속에 넣고
긴 한숨으로 말하는 것은

입안에 더께가 가득한 까닭이지

잘린 살갗은
순한 바람에도 시려
눌린 멍울을 새소리로 달랜다

더디지만 지평선에서 흰빛을 끌어오는

환한 소리

들리면

다람쥐 앉았던 밑동에서부터
연둣빛 움 돋아난다

사진

훌훌
낙엽 따라
서걱대는 소리 따라

시월의 끝은
마음이 엷어지고
껍데기 몸이 흔들린다

억새꽃

눕는 햇빛 머금은
긴 대 끝마다 어우러진 은빛 갈래
시리게 눈부셔

휩쓸리던 머릿결은
달빛을 이고

바람은 아직도
양 볼을 스친다

돌아와 앉은 책상에는

노란 편지지와 하얀 봉투, 방금 떠온 노을, 그리고
눈물 한 점

작은 액자 속 네 눈에
눈부처로 남은
모래 하나

흔들리는

미늘*

사금파리에 찔린 수족관에
바다가 열리고
파도 한소끔 쏟아져
한밤 껴안고 울

비 흩뿌리는 포도 지날 때
도로표지판 홍도
그 섬,

조개껍데기 주워 주던 놀 빛 얼굴

우럭이
비린내 나는 낚싯줄에 걸려
파닥이는

가만하지 못하고
눈 뜨고 숨어 숨 쉬는
틈새 같은

남겨서는 안 될
그런 거

* 낚싯바늘 끝부분에 안쪽으로 난 갈고리.

제2부

사람, 사람

미안을 거슬러 받았다

좁쌀이
진작에 하지 못한 말을
이제야 한다

미안하다

맑은 손이
덥석

아냐, 내가 더 미안해

되레
한 움큼 쥐여 준다

그래도 울지 않는다

성장은 없다
다만 묵묵하다

사람들이
올라가고 내려갈 때마다
뼈와 살이 깎이지만

빗물에 씻기는 동안 얼른 얼굴을 훔치고
그렇게 그렇게
허물어간다

고단한 나목이 쓰러지면
부둥켜안을 뿐
달리 달랠 도리도 없고

여기저기 싹이 터 새살 돋는 푸름에 그저
봄에 고마울 뿐이다

지나는 발걸음이
아들이며 딸 얘기를 흘리면
태곳적 어머니 얼굴이 어른거린다

내가 버티는 힘은
저 아래 논밭을 지나
사계절 옷으로 산자락 오르는
사람의 기척

오늘도 비바람 몰아치니 허리가 파여 나간다
지난번 폭우에 임도가 작살났지만
입원할 병원도 없고
왕진 또한 더디다

아파도 어쩔 수 없이 참고
허연 옆구리에 푸름이 덧칠되는 여름을 생각하면서
또, 참는다

한 번도 오른 적 없는 하늘을 올려다보다
구름에 손 닿으면
어떻게 좀 해 달라고 부탁하고 싶지만
나는 입이 없다

날리는 눈이

허물어진 긴 토성을 채우면
하늘도
들판도

더없이 조용하다

독거

거울 속 사람이 돌아 나가며
문 닫는 소리에도
아무 말이 없다

나갔던 사람이
문 열고 들어오는 소리

인사도 없이 문만 쳐다보고

뭘 가져왔는지
어디를 다녀왔는지
묻지 않는다

거울 속 사람이 표정을 누른다
나갈 때처럼

들어온
당신을 보며

나무 아래에서

먼지로 왔다
예전의 수족 같은 느낌으로

연두로 빛날 땐
흔들리는 몸이 자유로웠고

갈색빛 역력하니
흔들리는 것이 어두운 오후로 간다

쓸려간 바닷물이
밀려와
노래 부르는 여기는 고향일 거야

뛰놀던 곳이 아버지 등이고
흙 파서 소꿉놀이하던 곳이 어머니 품인데
이방인으로 그늘에 앉아
땀을 닦는다

어디서나 바람은 불어
끝일지 모르는 데까지 가서야
한 바퀴인 줄 알고 돌아와

거칠고 푸석한 손으로
말뚝처럼 서 있다

그 누구도 눈치채지 못한 추락을
잊은 것 같은 날에
또 다른 바람으로 날아오른다

낙엽이
먼지 되어 빛난다

변심을 기망하다

알만한 봄이 지나간다

비 같고
물안개 같은 것이 날리는지 뿌리는지
창문을 들여다보고 있다

정수리가 훤히 보이는 머리통 다 내보이는 것도 모른 채
어떤 날개를 수없이 그려보지만
빠진 머리숱보다 어림없다

먹고사는 인쇄체도 아닌 것이 변심을 못 하고
두더지 게임처럼
같은 머리를 쳐들곤 한다

산들바람만큼 다정한 얼굴도 없다
이등병 달고 벙커 사역할 때
귓등에 속삭이던 산등성의 바람 소리와 샘솟는 땀방울
잊을 수 없다

그 문장을 데려와야 한다

나비가 어른거리면
웃다가 면도에 베여도 좋고

핸들을 돌리면 길이 바뀌는데
제주도 울릉도 말고 어떤 섬이 좋을까

가파도나 독도로 여행하면, 틀림없이
문장은 웃지 않을 거야

핸들을 꺾지 않았다고

모놀로그

그러니까,
그 애가 커 보이는 것은
시내에 살면서
노란 프라이 도시락 때문일 거라 생각했지

돌멩이 하나
눈 춤사위에 홀려

헛바람이
벌판으로 뛰쳐나가
눈사람을 만들어 보는데

굴리면 부서지고
둥글어지면 잡티가 들어박히고
뽀얗지가 않더군

도시 한복판의 詩
어렵게 읽히지만, 분명
깊은 의미 넓은 마음이 담겼을 거라고 생각해
그래서인지

내 키는 더 낮아 보이고
더구나
몸도 가벼워

더 크기는 힘들 것 같지, 그지?

그려
늦게 시작했고 나이가 있잖아

이런 우라질,

누에의 편지

  밤 열 시 별똥열차 머시쉐리가 손바닥만 한 라디오를 가로질러 오령*을 거슬러 간 푸른 밤 그 밤 속삭임에 적요한 나는 홀로 감미롭습니다
  노란 별빛 한 모금에 피폐한 마음은 소년이 다니던 골목 목조 가로등 아래로 사뿐 갑니다 구석진 풀들이 파릇했던 봄날 따가운 여름밤 빗소리 이불을 뒤집어쓰고 낱말 새기는 밤엔 유난히 흰 눈 위로 불그레한 부끄러움 소복이 쌓입니다

  소년을 멀리 보낸 골목길은 텅 비었습니다
  시간을 건넌 밤의 소리는 오래된 별빛을 센머리 소녀 눈굽에 촉촉이 담습니다 콧등이 시큰거려도 추억이라 말하지 않으렵니다

  별빛 주소로 보낸 야릇한 마음
  여태 답장이 없는, 별이 아스라한 밤에

---

  * 누에 나이를 세는 단위. 5령 끝에 가서 누에고치를 만들기 시작한다.

혹시

사는 이유가 뭐냐고
묻길래

그냥 산다

얼떨결에
말하고 나니 헛헛하다가
금세 덤덤해졌다

너는,
사는 이유가 필시 있겠지만

단지,
그 말을 아끼고 있겠지만

불쑥 나처럼
똑같은 말을 하지 않을까 하는
생각은 왜일까

사는 이유가 뭐니

초상

두 번은 망자에게
한 번은 상주에게

나이는 많냐
지병은 있었냐
위로가 무덤덤하다

육개장을 마다하고 돌아서는 문상

장례는
예전보다 적적하고
계좌로 들어온 조문은 편하여
모두가 익숙하다

조등 없고
곡 없는 빈소
마른 눈물 한 조각도 내걸지 않는다

본 적이 없는 고인
검정 액자를 나와 배웅한다

소멸

성큼, 뒤도 없이
지나간다

얼마쯤 지난 후의 기도

나갈 때 두세 번씩 들락거리지 않고
집 나서면 잘 보이게
해 주세요

한 말 들은 말
까먹지 않고
억지 부리지 않게 해 주시고

괜찮으시다면
웃음만은 잃지 않도록 해 주세요

염치없지만
하나만 더 부탁해도 될까요

감내할 고통이라면
그 고통, 절반으로 줄여 주셨으면 해요

부탁만 하니 너무 죄송해요

그 대신 조금
아주 조금 앞당기는 거에 동의할게요

저를 앞당겨야 한다면 기꺼이
그리하겠습니다

그럼

저 사람,
잘 부탁드립니다

꿈꾸는 전화

처음 눈 뜬 곳이 있다

한 주먹 움켜쥐려고
바다를 톺는 구두

납작한 굽은 쉴 새 없지만
망사리 거머쥔 손 숭숭하다

허기에 그을린 하늘
포장마차 아래
어둠이 구운 꽁치가 소주를 다독이면
젖은 머릿속으로 찬별이 들어와

전화기를 일러준다

불빛 도시의 바다는 빈 깡통 소리에
눌렸던 목젖이 풀리고
어깨가 들썩이며 묽은 알을 산란한다

쪼가리 반지하
세한 껴안은 자벌레 오그린 밤

있는 대로 길다

파리한 밤을 녹인
연어

처음 눈 뜬 곳을 떠올리며
문을 열고

읊다

마음으로 빚어
입술로 씻어내는 소리

동글동글하다 금세
뻐근하게 내려앉는 소리

눈 안에 들어와 여울지면
노랑별 떼 산들대는 자작나무 숲을 거닐고
앙가슴 진물
꽃물로 흘러내린다

둥근 입술로 퍼지는 향은
귓불과 콧등에서 새로이 피어나고

골짜기에서 시작한 파동이
산의 정기를 데려와
대기를 흔들면

산허리 너럭바위 품은 참물 되어
혼의 울림 출렁인다

다시 필 때까지

눈꽃 지니
눈꽃나무 오간 데 없고

사랑이 지니
피는 꽃 하나 없다

없다는 것은

참,
쓸쓸한 일

프로필

볕뉘가
아득한 곳에서 왔다

비집고 오기 전까지는 마른 기억이었다
잊어도 괜찮을 실밥 같은

강냉이 튀밥 봉지 툭 터져
구슬치기로 딴 구슬이 통에서 쏟아지듯
거실 바닥을 온통 뒤덮었다

한 개를 주워 입에 넣으니
바람 불던 모충방앗간 들마루 아홉 살 손에 들린
깻묵 술지게미 저녁 향기가
꼬르륵 살아나고

두 개를 집으니
먼지 묻은 하늘과 흙에 뒹구는 땀 냄새
검정 고무신 속 발가락 허기가
등 뒤에서 근질거린다

또 하나를 집으려는 순간

문 여는 소리

장바구니가 들어오고
잔소리가 빙빙 돌고

강냉이가 빗자루에 쓸리며
늦은 오후의 매캐한 안개는 아득한 샛강으로 실려 갔다

다행, 이라는 말은
지금에서나 할 수 있는 혼잣말
햇살에 묻힌다

기침

하지 말라는 막걸리를 숨겨서
자전거는 들어왔다

아내 앞에
오랜만에 뜨끈한 통닭을 건네며
짧은 눈을 마주치고는

가쁜 숨을
밥상머리에 앉힌다

흰 사발 두어 번 휘저어
백 촉 금빛을 한 번에 들이마셔
어둠을 덮고

기침,

제재소 톱밥은
문풍지를 흔들어 적막한 밤을 깨운다

문고리 달그락하는
자리끼 반 모금 한 날

하현달은 기울었다

공납금 밀려 선생님 자전거 짐칸에
달포 된 돼지 새끼 실어 놓곤 쩔쩔매던 얼굴
공중에 비친다

제3부

하늘

내일을 갖겠습니까

 일 년을 버티면 딸려 오던 작은 보따리가 이번엔 탈탈 털렸다 십 개월 만에 잘린 시간은 차갑다 구내식당도 아닌 거시기한 식당에서 자주 밥 먹던 이 씨가 몇몇이 보탠 전별금이라고 흰 봉투를 내민다 충혈된 눈이 숨도 안 쉬고 단박에 한 잔을 들이켰다

 내 시계는 사무실 문턱을 넘나들 때마다 늘 서늘하게 출렁거렸었다 박 계장은 봄은 곧 온다고 했고 강 씨는 겨울은 언제나 춥다고 했던 말이 되살아났다 비틀거리는 몸으로 안녕이란 말 대신 사랑한다고 했지* 전별 보따리는 눈물에 젖고 벼룩시장 신문은 빗물에 젖는데 흔들리는 정류장에 버스가 온다는 기별은 아직 없다 조금 전 12시가 지나갔다. 지금은

 새벽이다

* 노래 '한 송이 꿈' 가사 일부

꿈틀

할 말이 왜 없겠는가

저 하늘에 깊이 빠지면
잠시나마 현실을 잊기도 하지

시내버스 천오백 원
교통카드 턱턱대는 대중이 수두룩하건만
일곱 정거장 걷는 생각의 먼 시간
길이 짙다

통화할 수 없음을 어찌 다 말할 수 있겠는가
통화가 길면 독촉도 길어져
차라리 잠겼다

땅바닥을 보면 혹시 돈이 보일까
다행하였으면 참 좋겠는데
다행은 보이지 않는다

나락
더 갈 수 없는 바닥

껍데기 깨고 우화를 꿈꾸는
살풀이춤 같은 몸부림을 달이면
입에서 단내가 난다

거꾸로 매달린 긴 고통
꿈의 뿌리를 받아들여
꿈틀한다

얼른
꿈에서 일어났다

지게꾼

짧은 목에 등이 굽어
발치에 묶인 목소리, 땅으로 구르는데
멀리 못 간다

크게 웃을 일도 빙그레하곤
입 열 줄을 몰라

노고가 켜켜이 덧칠된 지겟작대기
시장통을 구부려 가는데
사람에 치인다

먼 기별
뒷덜미에 스멀대다가
상가마다 불 꺼진 열두 시
도시의 회색 달이 눈 안에서 불뭉치로 뜨겁다

악물고 살았는데
세어볼 통장이 보이지 않는다

구겨진 허리 바람벽에 매어 놓고
큰 숨이

작은 술잔에 묻고 묻는 하늘이 새카맣다

삭은 형광 불빛에
보일 듯 말 듯한 갈고리 하나
지게에 꽂혀 있다

장독대

익어가는 것들이 있다
고추장이며
된장이며
간장이며

햇살과 바람과 숯으로
숙성되는

할머니가 차려준 밥상

박꽃 피었던 바가지로 떠내어
보리밥 써억썩 비벼서
풋고추 푸욱 찍어서

한입 먹으면, 또
침 돌고

다 먹을 때까지
그윽이 바라보는 깊은 눈

말씀이 없다

장독대는 다 익고
햇살은 하늘에

까치 소리 머금은
뒤꼍 장독대

계선주

애만도 못한 키에
목은 굽어 말이 없다

천대받는 이유일까

포구 어귀 수살목은
지나가는 이마다 고개 숙여 말 붙인다지
정월대보름엔 밥상도 받는다지

홋줄 걸 때마다 눈길 없는 괄시는 쌓이고
태풍에 빨간 등대 허우적거릴 때도 급히 와서
줄만 당겨보고 묵묵하다
이런 날엔 나도 나를 외면하고 싶다

뱃사람조차 거들떠보지 않으니
이름이나 아는지

얼굴에 바닷물이 흐른다
횟집 이층 노래방 문이 열릴 때마다 들썩이는 목청이
별빛에 젖는다. 위로가 된다

닻 내린 부둣가 외등이 밤을 껴안으면
포말이 부르는 굵은 노래는
다시 깊은 바다로 가고

별똥별 신호에 쌓인 멸시를 바람에 쥐여 준다. 가벼워졌다

그럼에도
포구의 배가 어둠 타고 난바다로 가면
뜬 눈에
귀 세우는 밤이다

묵과 노란 꽃

명암 물탕골 약수터 유원지
막걸리 녹두전을 시켰는데
허술한 것 같다

그래서
메밀인지 도토리인지
묵을 추가하였더니
더 이상하다

여자, 처음 만난 날

세상에 모든 언어는
새 떼 따라 홀연히 사라지고
잘난 얼굴 대놓고 들이대기 쑥스러워

어색한 침묵이
쇠젓가락으로 묵을 집어 보는데
쉽지 않다

겨우겨우
입으로 데려오다가 그만

아이쿠!

냉큼 다가와 닦아준
노란 꽃 손수건

여태
감초로 피어 있어

한 번만

하얀 말을 해줘

훤히 보이는 바닥이지만
눈 깜박거리지 말고 말해줘
예쁘다고

낮달이어도
헤픈 티 내지 말고 말해줘
정말 예쁘다고

너의 입술이 미쳐서
예쁘다 하면

나는 웃지도
울지도 못할 거야

금세 하얗게 타버릴 테니

그러니까
제발,

빗금 치는 날

쏴아

이별 앞에서
이별하는 소리를 듣는다

마지막 말은 빗소리에 묻히고

건너편 정류장
허공을 응시한 이별이
빗금을 건너
눈부처에 들어

쏴아

버스는 지나가고
빗금 치는 소리 크게 들릴 때

긴 횡단보도
초록이 켜졌다

그 소리

뽀얀 김 오르는 네모난 새벽이 온다

땡그랑땡그랑
두부요 두우부
밥솥 여는 소리를 흔들며

아랫집 명자 엄마 기다렸다는 듯
바짝 마른 아저씨 쇳소리
칼 갈아요 카아알

흰 솜털 넝쿨이 엉키면 노란 꽃이 피고
너른 호박잎이 애호박 숨기는
햇살 익는 한낮

똥 퍼요 또오옹
똥지게 둘이 진하게 퍼 나른다

아이들 딱지 패대는 소리

달 뜨면
아이는 금세 잠들고

찹싸알 떠억
메미일 무우욱

한 입 달콤한 소리는
차갑고 투명한 밤공기를 어깨에 메고
할머니 뻑뻑 빤 꽁초를 흘끔 하고는
조붓한 고샅 끝에서 별빛에 수그러들었다

그 언제부터
막연하게 기다려 보는 두부 종

시절의 소리는 오지 않고
기별도 없다

거울의 소리

진작에 알아야 했었다
어설픈 구석을

뭘 한다는 게
그리 쉬울 줄 알았더냐

귀가 없단 말이냐
세상 만만한 게 아니라는 소리

몰두하려는 것을 보니
짠 데가 있기는 있는가 본데 무리는 마라
센 머리 빠진다

몰입은 진 빠지는 일

속에 들어앉은 고것이나 단단한지
한 번 더 두드려 보거라

하기야 허술한 것이 너뿐이더냐
세상도 어떨 때는 그러하다
그렇다 하여

요행은 바라지 마라

진작에 알아봐야 했는데

아무튼
넌

발 빼긴 글렀다

여우볕

오월의 하얀 종
사과 향 은빛 내음 울리는 소리
맑다

미백 순결은
연두에 피어나
고운 숨결 다소곳하고

다랑논 모 샛바람에 살랑이면
살포시 고개 들어
굽은 오솔길로 눈길 가는데

손꼽아 피어난 유월이 지면
은방울꽃
신열이 뜨겁다

하얀 속내
붉은 멍울 되어 대롱대는
하릴없는 칠월은

태양 구름 바람, 그리고

빗소리

동그마니

홀로 걸을 때

어떤 하나가 다가오면
심장이 발동합니까

둘이었다 하나가 되었는지
애초 하나였는지

하나는 허전하고 없는 듯하지만
없을 때를 생각하면 하나도 대단한 것인데

둘러보는 것조차
그 어떤 하나를 찾는 것인지

밥은 말을 주고받을 때 맛있다

하나의 그림을 걸어놓고 다른 하나를
마주 보게 걸거나
나란히 붙여 본 적이 있는지

하나가 비워지면

다른 하나가 올 이치이기에
세상이 흔들리지 않는 것인데

별이 새침한 밤
맛있는 저녁을 먹고 있습니까

물낯

애가 타
말랐을까

훌렁 벗은
첨벙첨벙 시절은 가고

간간이 철부지 새 날아드니
물 좋은 줄 안다

얼마나 꽃잎이 날리어야
얼마나 달빛이 쏟아져야

무심천이 차오르려나

봄날,
줄줄이 선 벚꽃나무
흩날리는 꽃잎 따라 화객은 넘실대는데
달빛은 무심하다

물빛 흐르는
둑 아래 눌러앉아

괜스레
달만 잡아당긴다

나는 너를

담장에 핀
노란 숨결 하얀 속내

바람에 속살거리니
봄비가 오고

둥근 방울 속에
흰 속살이 잔뜩 부풀어 올라

터질 듯
흩날릴 듯

너의 눈 속에 들어

후, 하고
빨강 입김 닿으면, 나는
어디든 따라가지
민들레처럼

택일

깃발이 나부끼면
들어서는 발이나 어깨는 심란하여
딱딱한 얼굴이다

단번에 알았다는 듯,
서방은 힘도 고만하니 걱정할 일이 없는데 왜 왔어
선수 쳐 밑자락을 깐다
머뭇거리다, 이사 날짜 잡으러 왔다고

손 없는 날
발이 힘든 날이다

비가 둑을 밀치거나
눈이 도시를 메운 날이면
신호등 꺼지고 방향 잃은 용달차 발이 젖는다

그렇게 이사를 하고
그냥 산다, 예전처럼

지하의 시간이 잠에서 깬다
사람 팔자 혁명해 보겠다고 묘 파는 날

묘제 산신제 올린다고 들쑤시니
제철 잊은 진눈깨비가 몰려와 된똥 싸는데
이장하는 날엔 한 사람이
술 취해 휘청거리는 난장이다

둥근 산 배꼽이 받아 쥔 날
산과 의사는 메스를 세워
운명적인 사주팔자를 확정하였다
출산을 축하한다며

쌈짓돈 넘치게 주고
달력에 동그라미 친 날

택일^{擇日}은 길일

내 숨, 거둘 날
점지받으러 가는 날

문은 잠기고
흙먼지가 뿌연 택일 간판 모서리 깃대에
해지고 찢어진 깃발이 졸고 있다

해도
달도
별도 잠든 날

그날은
달력에 없는 날이 분명하다

제4부

걷다

악수

미안하다
예전부터 친하지 못해서

그래도

끼워주면
술은 몇 잔 할게

취하면
좀 더 가까운
사이가 될까 싶어서

친구야

단역

바람이 시간을 잡고 있다
무싯날 시골 장터처럼

막이 오르면 무대에 핀 꽃은
절정의 문으로 행진하고

꽃봉오리는
분장실에서 쪽잠으로 위로를 받는다

외계에서 일어나는 일식은
잠깐 태양을 가려
바람이 기절을 흉내 내는 것인데

내 발은 차가운 구들장에 서 있다

일력을 넘길 때마다 분장은 야위고
빙점의 순간마저
녹아
뼈조차 없다

지금은

풀렸다는 말보다
풀린다는 말에 더 친해지고 싶다

바람이 지나가면
달이 삼킨 태양은 걸어 나와
거기에 서 있을까

흘러간 시간을 붙였다

간직하고 싶은 젊은 노래가 있다

그곳은
갈 수 없는
천체를 흔들어도 되돌릴 수 없는 시간

타임머신을 타고 가면
이방인이 된다

사람들은 지나갔고
남은 것은
무지했던 젊음과 못 이룬 꿈이 빙하에 갇혀 있을 뿐

꿈꾸면
흑백 영화 주인공이
하얗고 검은 옷을 입은 연극배우가
다리를 건너며 순식간에
꿈을 깬다

반짝 한 날은
반사되어 날아간 빛

지금은 그 그림자로 산다

한 권 받은
표지 안쪽 사진
책 쓴 사람을 닮았다

아무래도
흘러간 시간을 붙인 것 같다

삐 소리 후

수직으로 박히는
수없는 전화선
줄기차게 신호를 퍼붓는다

허수아비는 며칠이 지나도
물낯만 물끄러미

보다, 보다 못해
천둥 사이로 벼락을 쳤다

연결이 되지 않아
음성 사서함으로 연결되며
삐 소리 후
통화료가 부과됩니다, 라는
음성만 남는다

물 빠지고

전에도 왔던
수신자 부담 전보가 왔다

사회성

부모 말씀
선생 가르침
아랑곳하지 않아도

지레 걱정할 일 아니다

때 되어
밖으로 나가면

사회는
둘 중 하나로 가린다

잘 살거나
그냥 살거나

오래된 사람에게 보내는 안부

오랜만이에요.

이 쪽지를 받고
굳이 전화하지 않아도 돼요

한 번의 통화가
오랜 공백을 메우기에는
민망하니까요

잘 있구나, 생각하면서
맛있는 점심을 하길 바라요

몸이 괜찮다면
막걸리도 한잔하면서
지금의 내 얼굴을 그려봐도 돼요

두세 번에 나누어 마셔요
사레들면 불안할 수 있으니까요

문자를 보낸 후
기분이 한결 나아졌어요

뜸한 것에 대한 회피가 되었으니까요

내내
건강하세요

밥 세 끼

점심 약속 있다며 나서는 남편
예뻐 보인다

저녁까지 먹고 온다는 날은
근사하기까지 하다

소소리바람
마파람 불어간 뒤
감나무 붉은 빛깔 하나 없는 계절

갈대 하나가
제 이름을 잊고

바람 없는 날에도
아무 때나 흔들거린다

저녁을 먹다가,
밥 세 끼는 다 주는지
잔소리는 누가 하는지

설거지 다 할 때까지 덩그러니 서서

중얼거리는 일기를 입속에
빼곡하게 쓴다

소리 없이 스미는 공기에도
시큰거리는 콧등

훌쩍대는
뜨거움

달 우는 밤

선바람 물 흐르듯
순풍인 줄은 압니다만
어이해 가까이 오려 합니까

나도 모르는 사이

붉고 붉어
주체 못 하면
저 하늘 어찌하려 합니까

하필
두 눈은
왜 그리 싱그럽고 깊습니까

뭐 하나 돌려놓을 수 없는 계절입니다

별빛 사라지고
달 우는 밤

아,
아,

몽돌밭 에도는
발꿈치가
참,

무겁습니다

어떤 숨소리

여기 있다고
아직은 여기 있다고

존재를
양각으로 보낸다

퍼 왔거나
어디서 날라 왔을 카톡 하나를

봤다는
왼편 작은 숫자가 하나씩 줄어들면
생존력이 배시시 커지고 배가 부르다

마무리 시간

그 일은
내일을 점지해 두는 일
되었다

한층 더 안심이 되고 흡족하다
보낼 수 있어서

얇은 계절의 나목들은
처음 태어날 때의 해맑음을 꺼내어
가을이 여느 초봄으로 분간되는 눈을 뜨고
먼데 하늘을 가깝게 쳐다보곤 한다

휴대폰 속 숫자보다 한산한
남은 숨소리

생각의 끝

바람 숨소리 하나 없는 날
잎새 하나

툭

마지막
소리를 내지른 후

매달리려 굽신거렸던
그 끝을 떠나

거리낌 없는 땅바닥에
추락해 보니

용뺄 일 없는 여기가 훨씬
낫다고

실컷 구르는 생각

별일

참다,
참다가

저 좋다고
멀리 시집간 딸에게

별일 없지?
그냥 걸었다

그 말만 하고
끊은

홀아버지

겨울역

계절이
늦가을 빛을 내는 건
유리창이 깍듯하게 맑기 때문이다

철길 낙엽
바람에 뒤집힐 때마다
된서리 맞은 얼굴이 차갑게 반짝한다

여름내 쓰지 않은 창고 문을 잠그고
게양대에 헐렁한 노을이 지나가고

문 닫은 보건지소 뒤편
오소소한 골목

외등 빛에
잎잎이 갈변하면

장독마다 김장김치
겨우내 코 골기 좋게 쟁인 사람들 뒤로

시계는 옷깃 세워

기다리는 사람도 없는 겨울역으로 가고

다갈색 바람은
배웅 없는 대합실을 빠져나와
겨울을 타고

그제야
홀로 운다

아침이 마를 때

날아가요

젖은 옷을
툭툭 털기도 전에

이 알갱이가
누구의 눈에 길게 남겠어요
기껏해야 두세 시간이나 될는지

눈뜰 때는
반그늘이 아니었으면 좋겠지만, 어쩌겠어요
그냥 받아들여야 해요

젖은 몸이라
밤새 울었는지 분간할 순 없지만
떠날 준비는 되었나 봐요

첫새벽,
미처 젖지 못한 바람은 괜히 나무를 흔들어
우수수 소리 내어 걸어가요

해 뜨면
이슬 같은 눈은 소리 없이 날아가고

아침이
상냥해요

퓨전 도서관

물론, 책은 오른쪽 본관에 있습니다

비 오는 날에는 왼쪽 별관으로 갑니다
꼿꼿한 병정들이 정색으로
반겨주기 때문입니다

낮은 책꽂이에는 지역구 소주가
눈높이 책꽂이에는 전국구 소주가
빼곡합니다

파란 술은 처음 같고 이슬 같고
급할 땐 도리 없이 새침한 책을
찾아갑니다

오늘 점심엔
지방 소주를 두 권이나 읽었습니다

7번 식탁에 흔적을 남기는 빗소리가 좋았고
 잔 고르기로 술 한 톨까지 싹 비워 허점 없는 우애를 다졌는데
  마무리에 서평 같은

건배사가 현학적이라 지은이조차 알딸딸합니다

상상 같은 현실을 만져 봅니다
천천히 만지다 보니 알 것도 같습니다

결별은 어색합니다
생소한 만남처럼

어쨌든, 둘 중 하나와는 헤어질 생각입니다

월요일은 쉬는 날
별관도 쉬는 날

3월

뿌리 깊은 진녹색에
붉은 염주 겹겹이 둘렀다

선운사 대웅전 앞뒤로
배롱나무꽃 꽃무릇 차례로 왔다가 가고
홍매화 수그리면

물너울 흐드러져

찾아든 동박새마다
달콤한 사랑 꼭꼭 쥐어 주고

숨긴 향기는
바람 속으로 스몄다

초록 얼굴 자줏빛 빨강 연지
내 입술 유혹하는데

동백

눈 내릴 때

덧붙어

제5부

낯선 시간

누런 약속

보도블록 사이
파릇한 풀 속에 누런 꽁초 하나
버릴 곳 마땅치 않아
투덜대다가

담벼락 끄트머리 빈 화분
다가가니 그 안에
띠 두른 꽁초들이 환호성을 지른다
보태면 힘이 되는 줄 아는 모양이다

머뭇거리다
더 나은 꽁초를 데려오겠다고
발길을 돌렸다

괜찮은 꽁초는 어디
누런 약속은
풀 속에

못 떠나는 가을

가을이 쉬이 떠나지 않고
버티는 것은
따듯해서만은 아니다

두 손으로
다 못한 말이
장독대 언저리에 걸려 있는 까닭이며

그 말이, 새끼줄로 장독마다 둘둘
말고 있는 것은

까치가 물고 올
우표를 기다리고 있는 것이기도 하다

겨우살이 준비는 했겠지
겨울이 추우면 서러운데

아무도 보지 않는 뒤뜰

장독대를 서성이며
우듬지 까치밥 올려다보는 것 또한,

두 손이며

다 큰 자식을 어린애로 보는
영험을 가진 당신이

늦가을 하늘에
하얗게 센 머리로

먼 곳 보며
비는 까닭이다

정말이야

1
내 안의 깨끗한 생각을
너에게 주고 싶어

내 안에 핀 꽃을
너에게 주고 싶어

내 안에 있는 너를
하늘과 땅에 심고 싶어

내 안에
아무것도 없어도, 난

괜찮아

2
꽃이 고울까
단풍이 고울까

바보야
고운 건 너야

봄

  사월에 신차를 뽑으니 갈 데가 많다 봄이라며 사람들이 몰려다니길래 이참에 차를 몰아 복사꽃 마을 꽃잔디 명자꽃 울타리를 돌아 만첩홍도가 화사한 생태공원에 조팝나무가 밥을 총총히 꿰고 있다고 해서 가보니 대뜸 봄은 보고 왔냐고 묻더군 어이가 없어 자두나무꽃도 봤다 했더니 혀를 차며 눈치를 주는데 무슨 영문인지 몰라 아내에게 물었다 돈만 많이 주면 맨날 봄이라고 흘끔 째려보고는 이왕 온 김에 사진이나 찍으라고 핸드폰을 디민다

  봄이다

계단에 서 있는 사람

남은 미련은 막막하다

막이 내린
허술한 무대의 뚫린 구멍이 커 보이는 것도
기억으로 남을 게 분명한 것도
사실이지만

막이 내리니 웬 웃음이 핀다

뜨거운 맹물인지
밍밍한 커피인지 알 수 없는 헐렁한 기분
헛헛한 것도 사실인데
저 살자고 뚫고 나온 땀은 마르고
몸은 한기에 떤다

무대를 내려가는 중간에 서서
재연해도 될 것 같은 유혹에 빠진다

끝난 무대가
아주 끝난 줄도 모르고

윤회

한 번 와서
질펀하게 놀았다

두 번 오지 않을
생각에

질척한 기억
바람으로 날려 버렸다

또, 내린다
새벽부터
눈이

말

여기저기 뒹굴었다

내 입으로 몇 개를 흘리고
몇 개를 주워 들고서

집에 와 재보니
흘린 것과 가지고 온 것의 무게가
다르다

얻은 것의 무게가 두껍게 보인 것은
흘린 것에 대한 위안

하룻밤 자고 나서 슬그머니 재보았더니
흘린 것이 더 두껍다
위안이 흔들린다

하루 더 지나 미심쩍어
흘린 것을 저울에 올려보았더니

저울이 견디다 못해
고장이 났다

여기저기서 흘린 것들이
산란을 한다

겨울에 꾸는 꿈

겨울
초평 저수지
붕어찜 점심을 하면서
봄 이야기를 한다

날벌레가 왔다 갔다 혼란을 부추기며
어쩌고저쩌고하지만
개의치 않는다

다만
묻고 싶은 것은

너의 심지

난 그냥
오래된 티셔츠에 푸른 글씨로 UP! 이 있는
나를 생각할 뿐이다

걱정 마라
너는 내 생각대로 될 거다

가벼운 먼지가
노란 나비로 날아가는

봄처럼

뱃심

그늘마저 지우고
정수리에 턱턱 숨이 차오른다

이런 날이 뜨겁게 반복되는 것은

그때 불었던 바람이 여기에 붙지 못하고
멀리서 불어가고 있기 때문입니다

이명은
밤새도록 귓속을 돌다가
층간 소음 안내 방송에 멈췄습니다

그리고
하루가 다시 뜨거워집니다

어쩌겠습니까

그저
기다릴 수밖에
다 타버릴 줄 알면서도

숨은 눈물

정수리를 통해
하늘로 실컷 비를 뿌리고 나니
홀가분하다

혹시나 해서
가슴을 두드려 털어보았다

여태
그 뭐가 남았는지

털 때마다
뚝
뚝

소리가
떨어지듯 들린다

낯선 시간

손끝으로 요게 뭐냐고
열 번도 더 묻던 어린아이가
콘솔 위에서 수십 년째 웃고 있다

벚꽃 필 때마다
어머니 손잡은 둑길은 다정하였고

굵은 목소리 제대한 스물다섯 날엔
내 손잡고 함박꽃 되었지

산으로 강으로
바람은 초록 계절을 지나 노랗게 붉게
피고 지고

그간 세상을 다 알았는지
잎잎이 부는 벚나무 꽃보라에도
실없는 말 입 밖에 내지 않고 새물새물

두 손 꼭 잡으니
누군데 내 손을 잡냐고
우리 큰애는 언제 오냐고

떠는 손으로 묻고 묻다가
졸음 쏟는

오전 같은
오후 햇살

동행

피아노 소리를 타고
비프스테이크를 주문한다

뜰 쪽 좁은 창문에서 새어 나오는 음률을
잘게 떼는 발걸음으로 덮으며

아늑한 자리에 앉아
손거울을 보고

짙은 커피로
먼 풍경을 길게 본다

참, 오랜만에

멀리서
혼자 온 것처럼

앉았던 자리 음각으로 새겨놓고
간다는 말도 없이
문을 나와

양각으로 검게 그을린 너와
팔을 걷고 걷는다

둘인 것처럼

기울어 우는 벤치

기울어 있는 것은
그냥 지나가라는 말이다

싸락눈 내리다 마는 증상이
반복되는 것은
지금의 처지를 말하는 것

흔들리는 바람 속에
덩그러니 젖어 있는 벤치
운다

잠깐 사이에도
낙엽이 등에 업히지만
머물 곳이 못 되는 줄 아는지
바닥으로 나앉는다

부러진 다리로
겨울을 걷는 시침은 길고 멀어

오래된 공원의 관록이
상처를 보듬고 있다

하얀 마음

달 입술
얼어붙은 밤

알 수 없는 소리가
호수 저 끝에서 간간이 운다

수빙水氷은
몸을 펴 얇으나마
수면을 넓게 감싸는데

안쓰러웠는지
떠가던 오리 떼가 털을 벗어
뿌려 놓는다

달은 해를
잡아당기며 기울기를 하고

호수는 그저
해 뜰 때를 기다려

하얗게
새벽을 가르고 있다

한낮 스케치

대설에
점심을 한다

식구
둘이

식탁에 올라온 것은
반찬 셋
공깃밥과 시래깃국

후루룩 소리가 귀를 데우고

넌지시 막걸리 반 사발 따라주면
배는 더없이 부르다

겨울은 눈감고,
문밖은 여벌이 되어
긴 소파가 누워 티브이를 켜면

둘은
온 세상이 된다

난을 치다

곧추선 붓대
스치는 듯 눌리고 나가는 손끝이
세차다

휘어진 가냘픔은
눈 크게 보면
부드러운 유선의 활공

여백은 고요하고
기개는 붓으로 솟으며 정갈하다

먹이 검어 수묵화가 검다는 편견은
흰 화선지에 녹아

춘란 혜란 우아한 자태는
회색으로 요요하다

수묵은 하얀 여백을
더 희게 하고

붓은
난을 키워

삼세번

하얀 통로
중간중간에 아담한 기구

팔꿈치까지 입안에 넣으니
막대기 같은 팔이 삐죽 나온다

시작,
점멸하는 숫자가 알통을 옥조이며
불안이 뛴다

바지락 캐는 갯벌은 차고
헛손질 몇 번 하더니 펄썩 자빠진 하늘이 돈다
봄철이 흐트러지고
학원비가 쓰러지고

응급실 그날 밤은 거칠었다

별의별 생각이 짠물로 밀려와
먼지보다 큰 말랑한 알갱이가 눈가에 매달리다
늦둥이 얼굴 떨어진다

시간은 정지되고
굵고 붉은 큰 숫자가 올려다본다
높다

귀 웅웅거리는
허연 하늘이, 또
돈다

두 번이나 자리를 옮겨
재고, 재고,

미안을 거슬러 받았다

초판 1쇄 발행 2025년 9월 30일

지은이 이광희

발행인 방정원
발행처 도서출판 놀북
등록 제 573-2019-000011호
주소 충북 청주시 상당구 수영로162 101호
전화 010-2714-5200
전자우편 nolbook35@naver.com

ISBN 979-11-91913-46-0(03810)

이 책은 충청북도, 충북문화재단의 후원을 받아
예술창작활동지원사업의 일환으로 발간되었습니다.